I0840318

PERSONALIDAD Y AUTO-REALIZACIÓN

ENFOQUE HUMANISTA DEL SISTEMA CLÍNICO Y PSICO-EDUCATIVO DE ALFRED ADLER

(Tres conferencias)

FERNANDO JIMÉNEZ HERNÁNDEZ-PINZÓN

A la Asociación AEPA

y a sus inspiradores y fundadores

Úrsula J. Oberst y Juan J. Ruiz Sánchez

por su liberalidad al nombrarme

Presidente de Honor

ÍNDICE

A la Asociación AEPA
y a sus inspiradores y fundadores
Úrsula Oberst y Juan J. Ruiz Sánchez
por su liberalidad al nombrarme
Presidente de Honor

CONFERENCIA I

FELICIDAD Y AUTO-REALIZACIÓN

Enfoque Humanista de la Psicología de A. Adler

(Primera parte)

Junto a las puertas de un monasterio budista, perdido entre las montañas de la cordillera del Himalaya, me han contado que hay una gran piedra, sobre la cual, grabado a cincel, se puede leer este enigma: ¿ que hay que hacer para una gota de agua no se seque? Dando la vuelta a la piedra, en su reverso, se puede leer la solución...

Pero la solución, la respuesta al enigma, la diré en su momento. Ahora, después de agradecer a la pujante Asociación AEPA (*Asociación Españpla de Psicología Adleriana*) que me haya hecho la honrosa designación de Presidente Honorífico (el honor es naturalmente para mí) quiero empezar haciendo una afirmación y una confesión: La afirmación es que en este acertijo budista de las montañas del Himalaya se encierra un pensamiento que concentra toda la teoría humanista del sistema psicoterapeutico y pedagógico del maestro Alfred Adler.

La confesión personal es –y les ruego que me disculpen por hacerla- cómo fue el pensamiento que iluminó mi marcha por el sendero de la psicología: Entré en la Psicología, en este campo extenso de la Psicología, en cuyos surcos he sembrado cincuanta años de mi vida, de la mano de Fritz Künkel, uno de los discípulos de Alfred Adler, cuyo libro *Del Yo al Nosotros*, leido en mi juventud, me inspiró la deriva y el afluente que encamina el rumbo hacia el "Sentimiento Comunitario", diseñado por Adler. Sentimiento que desemboca en el mar de la "fraternidad universal", destino final y transpersonal de la autorrealización plena de cualquier ser humano, y camino cierto para la buscada y ansiada felicidad. Felicidad hacia la que todos, de modos muy diferentes nos dirigimos.

¿Qué hay que caer para que una gota no se seque? Ahora doy la respuesta: *Dejarla-caer-en-el-mar...*

Esto explica –y creo que va a quedar claro cunado complete estas reflexiones- mi convencimiento de que Alfred Adler es uno de los iniciadores, precursores y pioneros de la Pisicología Humanista y de la corriente Humanista de la Psicoterapia; lo es desde esa síntesis *dinámica y humanista* que él inició con su escuela de Psicología, Pedagogía y Psicoterapia, escuala a la que deniminó "Psicología Individual" o Psicología del Individuo. Y mi convicción me la ha confirmado Platón, cuando hace más de 2.000 años, en uno de sus diálogos, puso estas palabras en boca del Rey de Tracia: *"Os voy a dar la razón de por qué la cura de muchas enfermedades es desconocida por los médicos de Grecia: porque ignoran el TODO, que debe ser estudiado también, porque "la parte" nunca puede curarse si "el todo" no está bien... Este es el gran error de nuestros días en el tratamiento de los seres humanos: que los médicos separan el cuerpo del alma".*

Esto lo dejó dicho Platón. Y esto mismo es lo que para Adler significa la palabra "Individuo", alrededor del cual gira todo su pensamiento psicológico, educativo y terapéutico: Individuo es una totalidad humana indivisible (una gota de agua), integrada en otras totalidades individuales, en cuya integración e interrelación –como la gota en el mar del enigma del templo budista- en esa integración e inter-relación nos vamos todos autorrealizando como individuos y como humanidad.

Y así es –en mi criterio- el espíritu de la corriente Humanista que se ha venido desarrollando, años más tarde, en Psicología y en Psicoterapia: una corriente viva, una tendencia abierta y comprehensiva que tiene en cuenta a la persona en su dimensión humana total (corporal y espiritual, individual, y social, subjetiva y transpersonal). Adler solía decir y repetir: *"El Individuo es el ser humano completo"*, luego la *Psicología Individual* es la psicología del ser humano completo, en su plenitud total inter-individual.

Y siguiendo en esta línea humanista, lo primero que tenemos que tener en cuenta, el primer presupuesto es que en este camino, en este recorrido humano que va *del Yo al Nosotros* -de la gota de agua al mar de los inmensos oleajes- , en este recorrido, el individuo humano no está hecho y completo de una vez, que la tarea de la vida consiste en "hacernos", *"paso a paso, golpe a golpe"* (dice el poeta), que no es verdad eso que tanta veces repetimos *"es que yo soy así y nadie me va a cambiar"*. Sino que nos "estamos haciendo" permanentemente, en continuo cambio, para nuestro bien o para nuestro mal, cambio adaptativo o desadaptativo a las circunstancias, que son también cambiantes, porque *"no nos bañamos dos veces en el mismo río"*, como sentenció Heráclito, porque marchamos por la vida en procesos evolutivos o involutivos, de progresión o de regresión, pero siempre en continuo cambio... Y siempre también con el intento y el anhelo vital de irnos construyendo y autorealizando "teleológicamente". Este es también uno de los conceptos fundamentales de Adler, el concepto de "teleología funcional". Quiere decir: que marchamos y nos movilizamos los humanos en función de unos objetivos existenciales, conscientes o latentes, hacia los que continuamente dirigimos nuestros pasos desde la *filogénesis* de la peregrinación del *animal humano* por la vida.

Bueno, pues a partir de estas ideas, voy a enfocar, es decir, voy a proyectar ahora el foco de luz de la reflexión y del análisis humanístico sobre ese dinamismo psicológico que constituye la constante operativa que va guiando el desarrollo y evolución de cada individuo en cualquier etapa de su proceso evolutivo; lo va guiando "teleológicamente" en la busqueda de ese fin último, de ese objetivo constante existencial, que no es otro que la Felicidad: Caminamos por la vida en la búsqueda del Arca perdida de la Felicidad.

Está claro que la Felicidad es entendida por cada persona o individuo de modos múltiples y diversos, pero precisamente esos múltiples modos constituyen con sus diversidades lo que en la Psicología de Adler se conoce por *Ficción Directriz*. Ficción directriz es la intención constante (consciente o menos consciente) que inspira y determina todas las elecciones y comportamientos de cada persona, en el camino por el que cada una, diferencialmente, cada persona a su estilo y a su modo, busca su valimiento en la vida y, en definitiva, busca su felicidad.

Y el ejercicio de esta Ficción Directriz es lo que va a configurar y diseñar en cada individuo, en cada *Yo* personal lo que en Psicología Individual se llama *Estilo de Vida*: Estilo de Vida es el modo singular y único de estar y desenvolverse en la vida, ese modo único y singular de pensar y de actuar, que le da "estilo" personal a cada individuo, y que caracteriza y define su Personalidad. Igual que cada artista se reconoce por "su estilo", su estilo propio y singualar, así cada persona diseña su propio estilo, el estilo característico de su personalidad: su propio modo de estar, de reaccionar y de desenvolverse en la vida. Eso es la Personalidad.

(He querido dejar asentado algunos conceptos de la Psicología Individual de Adler: el concepto de *orientación "teleológica"*, de *Ficción Directriz*, de *Estilo de vida*... Más adelante los iremos complementando, con otros conceptos básicos de su teoría, como son: el *Complejo de Inferioridad,* el *instinto de Poder* o de *Valimiento*, el *Sentimiento de Comunidad*...).

Voy a concretar lo que he dicho hasta ahora formulando un presupuesto psicológico fundamental, hoy prácticamente admitido por todas las Escuelas Psicológicas, puesto especialmente de relieve por la Psicología Dinámica, a partir de Freud y de Adler (con formulaciones diferenciales), y sostenido y vigorizado dentro de la Psicología Humanista por Carl Rogers como fundamento de su teoría de la *No-Directividad,* teoría que tan extraordinarias repercusiones e influencias ha venido teniendo en el dominio de la Pedagogía y de la Psicoterapia actuales desde el pasado siglo.

Este principio fundamental podría quedar conceptualizado y troquelado con esta frase (desde la óptica de la Psicología Humanista): *"Cada persona, cada individuo, está guiado en su desarrollo existencial por una **tendencia actualizante** que le impulsa a su plena realización".*

Es un principio fundamental que viene a dar la razón a esa expresión de la Biblia (libro fundamental para la interpretación del ser humano en la existencia), de que cuando Yahave Dios creó al hombre, al prototipo humano, *"vio que estaba bien hecho".*

Y porque está bien hecho, porque estamos bien hechos, en nuestro organismo fisiológico y psico-somático, (que es celular y material pero, al mismo tiempo, es psíquico, inmaterial y espirutual), en ese organismo nuestro existen unas reservas de energía, una cantidad de energías en reserva, un *impulso dinámico*, un potencial increible de energía psíquica y psicobiológica, que va dirigido al propio crecimiento de cada persona, a su propia maduración, a su realización total en la existencia, al desarrollo de todas las potencialidades que como ser humano alberga dentro de sí mismo, a su "salud": Aquí entra un nuevo enfoque del concepto de *Salud*, que no es solo *lo que se cura cuando la persona enferma,* sino que la salud es un potencial en reserva que se cultiva y que se orienta y se dirige a la realización plena del ser humano en la existencia. Y en la actualización progresiva de este potencial dinámico es como ese ser humano encuentra y realiza (o mejor: va encontrando y realizando) la buscada y codiciada FELICIDAD.

Os voy a proponer ahora que nos hagamos una pregunta, que quizás cada uno de los que estamos aquí se la habrá hecho alguna vez o muchas veces: ¿De qué tendría necesidad yo para ser feliz, para *actualizar* mis energías, psíquicas, para poner en uso y en valor ese potencial de autorealización, y vivir en plenitud?, ¿qué necesitaría yo para poner el explotación y rendimiento total mis potencialidades, lo mejor de mí mismo..., lo mismo que los árboles y las plantas, que se desarrollan y se abren en floración, en frutos y en aromas?

He dicho que esta pregunta se la ha podido hacer cualquiera de nosotros referida a si mismo, pero también nos la hemos hecho quizás referida a otras personas de las que de alguna manera uno se siente responsable (al marido o a la esposa, a los hijos o hijas, a los alumnos, a los compañero de empresa...) ¿De qué tendría necesidad esta persona, qué podríamos hacer por ella, para que deje de estar mustia, como una planta a la sombra, para que llegue a estar plena y radiante, para que desarrolle sus potencialidades, para que logre ir realizándose en plenitud, para que sea feliz?

Pues para que yo, o para que esa persona se sienta feliz, viva en plenitud, se desarrolle psíquicamente hacia su maduración plena y total, es necesario, imprescindible, en primer lugar, como lo más urgente, que en su *dimensión física* (la de su organismo celular y material) tenga satisfecha o pueda satisfacer, por los menos a un nivel mínimo, sus necesidades elementales de *oxígeno, alimento* y *descanso*. Porque si no respira, o no come o no duerme, no es que no sea feliz, es que no puede seguir viviendo.

Y de idéntica manera, en su *dimensión píquica*, su dimensión inmaterial, en su psiquismo, es necesario, imprescindible, perentorio, urgente, que tenga satisfechas, por lo menos, dos necesidades psíquicas –necesidades del alma- que son indispensables para seguir siendo y seguir viviendo como persona. Lo repito: Son necesidades psíquicas insoslayables, necesidades indispensables y urgentes de nuestro psique, que no podemos ignorar ni olvidar, lo mismo que nuestro cuerpo tiene la necesidad, para sobrevivir, de aire, de alimentación, y de descanso.

Son las necesidades que voy a denominar con dos palabras, quizás inadecuadas, pero son las que se me han ocurrido al preparar esta conferencia y después las voy a desarrollar y clarificar. Estas dos palabras son : Integración y Valimiento.

-Necesidad de INTEGRACIÓN, de Pertenecia) y

-Necesidad de VALIMIENTO

Necesidad de Integración: que cada persona, a cualquier edad, en cualquier situación existencial en que se encuentre (al sol o a la sombra , con trabajo o en paro, con salud o padeciendo alguna enfermedad, con familia o sin familia...) tiene la necesidad irrenunciable, y el derecho inapelable de saber que no está solo, que no es una gota de agua que puede secarse entre los límites de su propio Yo, sino que pertenece a alguien, a una persona o a un grupo de personas. Dicho de otro modo: que toda persona tiene la nacecidad de sentirse acogida, integrada, querida, aceptada, apoyada, respetada, tenida en cuenta como persona. Esto es lo que he nombrado como "Pertenecia", que en los humanos sólo se logra y se produce a través de los vínculos humanos del "amor"... Con todas las múltiples y variadas posibilidades en las que se realiza la palabra *amor* en este mundo de los seres vivientes: amor como acogida, amor como valoración, o como respeto, o como ayuda, o como perdón, o como simpatía, o como protección y cuidado... Pero teniendo siempre en cuenta que todas esas posibilidades y variedades de amor, para que sean auténticas y legítimas, tienen que llevar consigo y aportar una experiencia de *integración* y de *pertenencia,* que no consiste solamente en la complacencia, el gusto y el embeleso, sino que consiste en hacer que el individuo se sienta *reconocido* como persona con su singularidad inalienable, con sus derechos elementales y con su necesidad irrevocable de ser comprendido, apoyado, escuchado, defendido, respetado, es decir: que se le ame. Y por otra parte, ser capaz deacoger, de comprender, de apoyar, de escuchar, de defender, de respetar a otras personas. Que se me mire, que se me vea así, que se me reconozca con mi dignidad de persona.

Esto es *integración por el amor*, para la que todos llevamos en nuestro interior, como una ramificación dinámica de la *tendencia actualizante* que nos guía en nuestra marcha por la vida. Y esto es lo que Adler ha estudiado y propuesto con el rótulo de SENTIMIENTO DE COMUNIDAD, sentimiento dinámico y eficaz que nos dispone, nos prepara y nos capacita para eso: para dar amor y para recibirlo. Eso es, dicho en síntesis.

Desde el punto de vista psicológico del desarrollo de la Personalidad, explicaríamos todo esto siguiendo el esquema de Fritz Künkel, según se formula en su libro *Del Yo al Nosotros*. Nos viene a decir que la única posibilidad de supervivencia, afirmación, maduración y progreso de la persona individual radica en la integración positiva y progresiva del propio Yo en un Nosotros: de la frágil gota de agua al mar de las infinitas posibilidades y esperanzas...

En algunos de mis escritos he propuesto *test*, que ahora os ofrezco a vosotros, para calibrar en qué punto nos encontramos dentro nuestro proceso personal de autorrealización: El test viene a decir que en la medida que podamos aplicarnos, para describir nuestros sentimientos o nuestras acciones y comportamientos, los términos verbales que implican el lexema *"con"*, (confianza, compasión, cooperación, colaboración, consenso,   comunión, condolencia, compañía,   confraternidad,   corresponsabilidad...)   estaremos significando y realizando nuestra integración personal en el Nosotros, dentro del propio desarrollo existencial, configurando con el valor de la solidaridad nuestra personalidad singular   y garantizando la permanencia y el progreso de nuestra Civilización.

Entonces, lo primero, la primera condición *sine qua non,* la que que garantiza la supervivencia y la expansión de la vida humana en un ser concreto, no es otra -en resumidas cuentas- que el Amor. El amor que conlleva pertenencia, reconocimiento y derecho a ser aceptado en la vida como persona, con todos los requisitos de su dignidad. El amor que integra al individuo humano, al llegar a la existencia, primero con la madre, después con los familiares, con los amigos y amigas, con la pareja, con en el mundo. Y no es sólo un sentimiento. Es un derecho de la ética universal, un derecho de todos y cada uno los seres que fuimos *arrojados al mundo*, como lo describía el existencialista Heidegger, por decisión de otros, y no por decisión propia.

A la segunda necesidad la he llamado de VALIMIENTO: que toda persona que viene a este mundo, todo individuo humano, además de la necesidad inapelable de integrarse en el amor, experimenta y lleva impreso y pálpitante en su íntima realidad de persona, la tendencia actualizante, la necesidad vital, inapelable también, de canalizar todo el dinamismo de su energía vital primaria, hacia su *Valimiento* en la existencia. Es la necesidad de autoconstituirse en ella como un ser válido, la necesidad de afirmarse, de sentirse útil, de saber y experimentar que sus acciones, su esfuerzo y su trabajo generan resultados productivos para sí y para los demás. Que vale uno para algo. Que mi estar en la vida tiene un sentido: Que voy construyendo la Pirámide...

Eso es lo que le da cauce, camino y canalización a lo que Adler llama, INSTINTO DE PODER o de valimiento, que solo es eficaz y fructífero, como *tendencia actualizante*, cuando se canaliza a traves del *Sentimiento de Comunidad*. El "Instinto de Poder" y el "Sentimiento de Comunidad" (que es también un instinto, van unidos y son complementarios, como dos fuerzas interdinamizantes: yo aporto a la Comunidad mi poder, pero no puedo ejercer mi potencial de poder sin el aporte de la Comunidad.

Lo resumo: Es la necesidad acuciante de hacer algo válido, de ayudar, por lo menos, a la realización de alguna cosa, de construir, de crear, de ser útil de canalizar las propias energías hacia realizaciones válidas para mí y para los demás. *"Ser hombre (ser persona humana) es estar convencido de que en cada piedra que ponemos estamos colaborando a la construcción del mundo en beneficio de todos los demás individuos"* .

Esto me ha recordado el cuento de la construcción de la Gran Pirámide, a la que antes he hecho alusión. Es un relato tomado de un de las novelas del escritor austriaco Stefan Zwaif:

La historia de aquel poderoso Faraón de Egipto que quiso construir la mayor pirámide de su reino. Reunió en una inmensa explanada millares y millares de hombres que golpeaban con sus martillos unos enormes bloques de piedra, para ir dándoles la forma que, superpuestas, crearían la dimensión ciclópea de la gran Pirámide de Egipto. Un extranjero persa, que pasaba por allí, les preguntaba, uno a uno, a los esclavos que encontraba al paso, qué era lo que estaban haciendo. El primero le contestó malhumorado, que estaba destrozando su salud y su vida con el esfuerzo de su inútil trabajo, de sol a sol, que quién sabe cuándo se terminaría. Otro le contestó, indiferente, que estaba ocupando el tiempo, mejor que perderlo sin hacer nada. El tercero, ilusionado, le dijo que estaba ganado el sustento necesario de su familia. El último, le respondió con el orgullo en los ojos de quien se reconoce como una pieza válida en el mecanismo constructor del mundo: *Yo estoy construyendo la Pirámide.*

Sólo este úntimo había sabido canalizar eficazmente el *Instinto de Valimiento* y el pleno *Sentimiento de Comunidad.*

También he recordado la historia de aquel pajarito cuando el incendio en el bosque. ¿la conocéis?. Hubo un incendio en el bosque, el viento lo iba alimentando de manera cada vez más arrasadora y pavorosa. Todos los animales huían despavoridos... Menos un pajarito que, impertérrito, volaba hasta el arroyo más cercano, cogía una gotita de agua con su pico, sobrevolaba sobre las llamas y arrojaba su gotita al fuego. Y así volvía a hacerlo una y otra vez. Un mono que lo observaba atónito, le increpó: ¿Tu estás tonto? ¿Es que crees que con eso vas a apagar ek fuego? Y el pajarito le contestó satisfecho: Yo hago lo que puedo y con lo que puedo.

Y vienen a decir estos dos cuentos que por poco que te parezca que vale lo que haces, en lo que te empleas, sucede eso que se conoce como el "efecto mariposa": que el aleteo de una mariposa insignificante puede desencadenar una tempestad en cualquier lugar alejado del Planeta. Cualquier acción humana buena y útil, unida a las acciones de otras personas, cuando nos apiñamos con un genuino sentimiento de Comunidad, va acrecentando exponencialmente su potencia hasta producir efectos insospechados y consecuencias inimaginables.

Lo que de verdad quiero y estoy intentando resaltar es la posibilidad creativa y transformadora de energías psíquicas, como equipamiento esencial que cada individuo aporta a la existencia desde el dinamismo de la *tendencia actualizante* de nuestro porganismo. Y quiero subrayar y resaltar también que nuestra existencia individual, nuestro pequeño paso por la historia, se justifica por esa posibilidad de Valimiento: siendo útiles de alguna manera, haciendo algo que merezca la pena en este mundo, aunque sea el el corto y redicido espacio en el que nos toca actuar.

Ese dicho popular que encierra un profundo simbolismo: plantar un árbol, tener un hijo, escribir un libro… Aunque quizás nadie sepa, ni siquiera uno mismo, a quién vaya a alimentar o a cobijar ese árbol, qué cosas buenas hará en la vida ese hijo, quién enriquecerá su mente y su vida con ese libro…

Os propongo un pacto: No decir nunca a nadie: al marido o a la esposa, al amigo o al enemigo, y menos a un hijo a una hija: no decieles nuna *"eres un inútil, no sirves para nada"*. Decirlo al contrario: *"Aprende a hacer eso, empéñate en conseguirlo, para que seas cada vez más útil"*… (O por lo menos, si se lo dicen a alquien, sea como la mujer de Vargas Llosa que, así lo confesó él, despúes de la concesión del Premio Nóbel: "incluso cuando me regaña me siento elogiado: *"no sirves nada más que para escribir"*…).

Nuestra "cultura" tiene organizado un sistema oficial de respuesta a esta específica necesidad del psiquismo: Me refiero al sistema que constituyen la Escuela y sus programas nivelados de enseñanza.

Pero yo me pregunto, observando, tal como están organizado en la actualidad, y tal como se desarrolla la vida de nuestros hijos y nuestras hijas, los niños y los jóvenes, en las escuelas, colegios, universidades, centros de estudios..., si verdaderamente les están sirviendo para canalizar el impulso productivo de la persona, si está sirviendo para responder a su necesidad de Valimiento, para satisfacer esa necesidad inapelable de realizarse en la vida como ser útil... O si, por el contrario, les están creando tales dificultades y sometiendo al individuo a tal cúmulo de frustraciones, perplejidades y fracasos que lo que le inocula y le pone ante los ojos, como espejo deformante de sí mismo, es la idea corrosiva y vitalmente desmotivadora de su propia inutilidad. (Dejo el suspenso esta reflexión para que ustedes lo piensen).

Encontré también, leyendo a Stefan Zwaig, un texto que nos enlaza esta necesidad de productividad de nuestro organismo psico-físico con otro objetivo fundamental de nuestra existencia y otro de los principales condicionantes de nuestra Felicidad: la necesidad de *encontrar un sentidos* a nuestra vida. *El hombre en busca de sentido*, de Victor Frank, es un intento de respuesta a esta necesidad psicológica y espiritual.

Bueno, pues es que la satisfacción de estas dos necesidades -la necesidad de *integración y amor,* y la necesidad de *valimiento y producción-* es lo que nos permite a cada individuo, a cada persona, actualizar nuestras potencialidades y alcanzar la Felicidad: llegar a sentir, a experimentar, que la propia vida tiene un sentido, que adquiere un significado existencial; sentido y objetivo que justifica mis esfuerzos, que canaliza mis inquietudes, que orienta mis proyectos vitales, que determina mis valores. Porque son los valores lo que le dan peso y contenido a estar en la vida y a andar sin miedo hacia el límite final, el tránsito de la vida a la no-vida (muerte). *"Nuestras vidas son los ríos que van a dar a la mar / que es el morir..."* dicen las *Coplas de Joge Manrique).* Somos y vamos por la vida como los ríos..., los ríos que alimentan los cultivos, que dan de beber a los sedientos, que desarrolla las economías, que limpia los cuerpos, que nos deleitan con sus frescor, y que algún día terminarán perdiéndose y descansando en el inmenso mar de plenitudes. Así es – con esta corrienta y con esta dinámica- como   el pequeño ser humano individual se plenifica, se eterniza y se hace Totalidad... Esto es Valimiento: que sirvo y he servido para algo, que mi vida tiene y ha tenido un sentido. Que puedo morir en paz, conmigo, y en paz y armonía solidaria, en integración por el amor con los demás miembros de esta Comunidad de Vida y de Destino que constituímos todos los habitantes del Planeta, nuestra madre Tierra.

Quizás sea este el auténtico sentido de la Globalización. Y pienso que es lo que, según Adler, le da sentido y eficacia a la tendencia actualizante de nuestro organismo, que "está muy bien hecho".

CONFERENCIA II

AUTO-REALIZACIÓN Y FELICIDAD

Enfoque Humanista de la Psicología Individual de A. Adler

(Segunda conferencia)

He venido repitiendo, reiterativamente, en mi conferencia anterior, que desde las raices innatas de cada ser humano emanan y emergen dos necesidades vitales irrevocables, cuya satisfacción es indispensable para nuestro mantenimiento y nuestra afirmación en la vida. Y he mantenido también que esto es lo que le otorga sentido y eficacia a ese caudal de fuerza y de poderio que los individuos humanos poseemos potencialmente en nuestra dotación genética, y portamos como *tendencia actualizante* desde nuestra arribada a la existencia. Os recuerdo que esas necesidades vitales son: la *necesidad de Integración por el amor* en la comunidad de los seres humanos (también se llama *necesidad de Pertenencia*), y la *necesidad de Valimiento* para hacer frente por uno mismo, y de forma productiva para las demás personas, a las demandas de la vida personal y social.

También en mi conferencia anterior, he venido repitiendo y reiterando que –según el sistema de pensamiento legado por Alfred Adler- el potencial de fuerza que busca dar satisfacción a esas dos necesidades se moviliza, se impulsa y se canaliza a través del *Instinto de Poder* o de Valimiento, y a través del *Instinto de Comunidad*, de Pertenencia e Integración en una comunidad de amor interpersonal y universal.

Ahora quiero reiterar que estas dos necesidades de Integración y de Valimiento son exigencias de nuestro organismo psíquico que nadie puede dispensar. De la misma manera que nuestro organismo físico, fisiológico, nuestro cuerpo, tiene sus exigencias irrenunciables, y por muchas privaciones que queramos imponerle (por ascetismo, por fakirismo, o por planes de estética y cosmética...) nunca podremos privarle de un minimum de alimento, de sueño y descanso, de aire para respirar... Bueno, pues la experiencia vivenciada de Integración y de Valimiento es como el aire y el oxígeno, el alimento para la supervivencia y para el equilibrio de nuestra psique y de nuestra persona... Si le falta a mi experiencia subjetiva vital la satisfacción, aunque sea mínima, a una de estas dos necesidades, la del amor o la del valimiento, me iré asfixiando, me irá mustiando como las plantas a las que se privan de oxígeno en una habitación cerrada, o me iré consumiendo por anorexia espiritual...

Voy a hacer tres anotaciones, tres notas al margen de lo dicho:

1ª.- Tenemos que saber y tener en cuenta que éstas son las condiciones de *estabilidad*, de *arraigo* , de *adaptación*   en cualquier situación de relaciones interpersonales (sea pareja, familia, empresa, comunidad religiosa, grupo social...) Sentir mi *Pertenencia*: Sentirme en ellas integrado, aceptado, reconocido, valorado, querido... y sentir mi *Valimiento*: sentirme últil, que valgo para algo. Entonces, si yo noto, percibo, advierto, que en mi situación concreta (familia, casa, trabajo, ciudad, grupo humano...) me falta estabilidad, o arraigo, o o adaptación (a mi, o a mis hijos, o a mi pareja, o a mis socios...) me podré preguntar: ¿Estará faltando el oxígeno: el clima, el cultivo, las condiciones elementales para que se puedan satisfacer esas dos necesidades, que son básicas para todo organismo psicológico humano? ¿Estaremos viviendo una situación de frustración esterilizante, en esta casa, en esta empresa, en este grupo, en esta asociación, en esta sociedad, en este mundo...? ¿Estaremos creando un clima vital donde falta lo esencial: el pan y la sal del organismo psicológico? .

2º.- A veces los psicoterapeutas escuchamos de algunos pacientes: "Siento un gran vacío en mi corazón; necesito que me quieran". Es verdad, y ya lo hemos expredado reiteradamente: es una necesidad que nos acucia a todas las personas. Pero conviene que sepa que llegado un momento en el proceso de evolución, ya el corazón no se llena sólo con lo que se recibe,   no se llena solo con el amor que otros nos dan, sino que se llena con el amor que acumulamos para darlo y compartirlo. Esto significa que se ha dado un paso adelante en el proceso evolutivo, paso desde la llamada fase *"autoerótica"* a la fase *"aloerótica"*, ahora es a mí a quien me corresponde integrar a otros seres a través del amor y proporcionarle , en cuenta esté en mi mano y en mi responsabilidad, las oportunidades de su valimiento. Este es el auténtico sentido del Sentimiento de Comunidad. Pero no lo olvidemos: nadie aprende a amar si no ha aprendido a ser amado. Y lo subrrayo para que cada una de las personas que estamos aquí, pensemos en la responsabilidad que tenemos hacia las demás.

3ª.- Como tercera anotación, quiero señalaros que la frustración de estas dos necesidades, la de valimiento y la de integración y pertenecia, nos explica ciertas conductas extrañas, psicopatológicas, que observamos en otras personas y, a veces también en nosotros mismos, condictas que en el fondo van dirigidas a realizarnos, auto-realizarnos compensatoriamente, ante la imposibilidad de satisfacer estas necesidades. Una de estas conductas desviadas puede ser, por ejemplo, la búsqueda ansiosa y desesperada de dinero como compensación a la carencia elemental de amor, o como modo compensatorio de conseguir "amor", o como modo de conseguir estima, o de autoestimarse en razón de "lo que tengo y no por lo que soy"; o como modo de buscar seguridad a falta de significaciones existenciales... O pueden ser reacciones de odio, incluso de venganza destructiva porque se me ha privado de eso a lo que yo tenía derecho al llegar a este mundo.

Y cuando una persona, sin consciencia de su propio valer y sin experiencia suficiente de amor integrado y afianzado en auténtico Sentimiento de Comunidad, cuando esa persona se deprime y se atormenta porque se siente inútil, incapaz de canalizar su instinto de Poder hacia el propio valimiento, ni merecedor del reconocimiento y del amor de las demás personas, de quienes en el fondo desconfía ("nadie me comprede", "nadie me quiere", "estoy solo o sola"...) es porque se ha configurado en su psiquismo, quizás por experiencias carenciales y adversas, ese núcleo infestado, esa herida moral, que Adler presenta como *Complejo de Inferioridad,* lo cual es otro de los conceptos básicos y centrales de su Psicología del Individuo, el

Complejo de Inferioridad, que inautentifican a la perspona humana y le bloquea y le despista en el camino que le llevaría a la Felicidad.

Complejo de Inferioridad que también algunas personas, en su esfuerzo por salir de él -en esfuerzo despistado, insolidario, inauténtico y falso, de compensarlo- lo convierten en *Complejo de Superioridad*, el cual sofoca ya cualquier brote del necesario y limpio Sentimiento de Comunidad y de amor, que -como venimos diciendo- es imprescindible para crecer, madurar, autrealizarse y ser feliz. El Complejo de Superioridad arrasa totalmente cualquier germen o brote de Sentimento de Comunidad.

Porque, repito, solamente a través de este cauce que nos proporciona el sentimiento de Comunidad, es como va dándose salida, impulso y orientación a esa otra corriente vital, que es el Instinto de Valimiento, o de Poder. Instinto de Poder tal como lo concibe la psicología de Adler, que no significa de poderío, eso sería una disviación patológica del instinto hacia la superioridad orgullosa y vana, hacia la superioridad inhumanizante y ridícula... Se trata de saber *que puedo*, de sentir que puedo, de tomar cosnciencia de ese "poderío" que como un torrente irá creciendo, se ira acrcentando hasta que uniendo su corriente con otras corriente vivas, a través del genuino Sentimiento de Comunidad, con-formen una fuerza imparable que le permitirá al ser humano llegar a donde quiera llegar... Como el título de aquel libro *El cielo es el límite*: cualquier límite es falso para el potencial humano, cualquier límite se disuelve y se aleja cuando nos acercamos a él, como la línea del cielo en un horizonte azul y luminoso.

Voy a hacer ahora. lo más brevemente posible, unas reflexiones sobre la *bio-génesis* del Sentimiento de Comunidad, como se va generando ese sentimiento de amor y ese parejo sentimoento de felicidad en el individuo humano:

A ver si logro explicarlo: Antes de llegar al mundo el niño -el ser humano embrionario- ha vivido durante nueve meses en el Paraíso, en el paraíso de la placenta materna, donde tiene todas sus necesidades cubiertas y la satisfacción inmediata de todos sus deseos (la minúscula gotita de agua en el mar de las aguas embrionales maternas). Ahí era feliz, tuvo la primera experiencia de felicidad (la hemos tenido todos), con todos los frutos del Edén al alcance de nuestra mano, como en la historia bíblica de Adán y Eva.

Pero, al ser arrojado fuera de ese Praíso terrenal, o —como dice Heidegger- al ser arrojado, sin saberlo ni haberlo pedido, a este mundo, lo primero, lo más necesario, lo urgente, lo imprescindible, antes que nada, son unos brazos que lo acojan, unos ojos que lo vean, unos labios que lo besen y le sonrian. Es decir: lo que he venido llamando la *Integración*, el *Reconocimiento*, el sentimiento de *Pertenencia*, que sólo y únicamente se logra y se realiza por el amor. Concretándolo y resumiéndolo: *para llegar a ser* lo primero, lo indispensable es SER QUERIDO.

Y esto es algo que empieza y se origina *antes* de que cada uno de nosotros haya venido a este mundo:

1º Para llegar a "ser", es necesario ser *engendrado* con amor.

2º Es necesario ser *esperado* con amor, con ilusión (la *ilusión* es el amor de la espera).

3º Ser *recibido* con amor. Antes de que le corten el cordón umbilical, que lo coloquen sobre el pecho de su madre, que sienta su textura, su olor, su calor, su latido, su voz, su cobijo, su acunamiento, su mecida… Lo mismo que sentía cuando estaba en la placenta, en aquel cobijo suave, alimentado, seguro, defendido de todos los peligros.

Esta es la primera necesidad del ser en su ontegénesis, en su bioénesis, durante los nueve meses en los que se alberga en el vientre de su madre: AMOR, es decir: cariño, cuidados, ilusión, fantasías ilusionadas, esperanza en la espera…

Pero una vez en la vida, conectado con la vida a traves de la respiración, pero antes de enfrentar la vida como ser individual independiente, neceita urgentemente una nueva placenta. La placenta psicológica, la placenta del alma. La anterior había sido la placenta del cuerpo, ahora la criatura humana tiene necesidad de experimentar un núevo Edén, un ámbito que lo mantenga unido a su madre todavía por algún tiempo: uncido a la madre, integrado en ella, envuelto por su madre, acariciado por su madre, con su piel estimulada continuamente, arrullado por la voz y la dulzura de su madre. Es donde surge y brota y se apacienta el primer sentimiento de Amor, el sentimiento embrionario de Comunidad, la experiencia primera de Pertenecia, de Integración en un Nosotros. *"Incipe, parve puer, risu cognoscere matrem*", escribió Virgilio (el niño se siente reconocido y reconoce a su madre con una risa o una sonrisa de complacencia). La simple acción de alimentar el cuerpo, que en la placenta se operaba espontáneamente , adquiere ahora otra significación, como "causa de doble efecto": además de la de alimentar al cuerpo, *dar el alimento* pasa a ser significativo del cuidado y del amor de la madre, y para el niño, viene a ser la experiencia primaria pertenencia, de sentirse querido, reconocido, objeto de atenciones y de cuidados..., con lo que el psiquismo de la nueva criatura se irá abriendo a la vida, al amor y a la felicidad.

Y cualquiera pensaría: bueno, esto es demasiado bonito, pero quizás demasiado dificil de conseguirlo en la realidad. Pues no, esto es muy fácil, y muy naural. ¿Sabéis por qué es fácil? Porque "estamos bien hechos".... Y en este momento del nacimiento y del parto, el organismo, que es sabio y "está bien hecho", segrega una sustancia, una molécula, que se llama *Oxitocina*, que es la molécula del amor, de la ternura y de la Felicidad.

Esta hormona, la oxitocina, va preparando espontaneamente el proceso del parto: va regulando las contracciones, va facilitando la dilatación del organismo de la madre, va propiciando la subida de la leche al pecho, a las mamas de la madre…

El momento de liberación total de la glándula que segrega la oxotocina es el momento expulsivo, el parto, y lo hace en sincronía de movimientos entre los dos cuerpos, niño y madre, que laten al unísono, el del hijo y el de la madre, con el ritmo de las olas del mar, hasta decansar igual que las olas rendidas en la arena….Y la playa de arena de oro no es otra cosa para el niño, que el regazo blando de su madre. Es una experiencia única, insustituible, de integración, de compenetración, de amor, y de felicidad…, una experiencia de plenitud vital, en esa relación primordial y única que no tiene mejor parangón a lo largo de la vida que el de la pareja adulta en la relación íntima sexual, momento o experiencia en la que también las glándulas endocrinas segregan la misma sustancia, la oxitocina, que de un modo natural regula los movimientos acompasados que propician el éxtasis del orgasmo: Es la glándula del amor y la felicidad.

Este momento del parto es un momento crucuial para la persona, para la madre, crucial para el bebé, crucial para el mundo entero: el mundo entero se enriquece, la vida del planeta se acrecienta con cada niño o niña que brota como una flor nueva en nuestra tierra, en la de todos. Y es este el momento en el que se desarrolla primordialmente, en esbozo y en diseño, la capacidad de amar en el ser humano, de dar amor y de recibir amor, y es también el momento en el que se culmina plenamente la capacidad de entrega del ser humano: en la madre dando, de su propio cuerpo, la vida y el alimento de su hijo.

Este es el gran significado antropológico de la mujer en el mundo. En esto las mujeres sois privilegiadas. Decimos: "igualdad de género", "somos iguales". Somos iguales en derechos, en derecho a la integración, al respeto y a las oportunidades. Pero ellas, son privilegiadas en el amor. Por otra parte esa es la mayor responsabilidad que asume un ser humano: la de transmitir la vida a otro ser humano que llega al mundo; sembrar en esa parcela de vida la planta del amor, fecundarlo en la capacidad de amar, para seguir trasmitiendo amor a otros seres humanos. Y así activar, favorecer, articular esa cadena imparable del amor: la existencia de una Humanidad encadenada, integrada en el amor. Y, en consecuencia, o dicho de otro modo: una Humanidad de Seres Felices.

Vuelvo a la etapa inicial del nacimiento de una criatura. Es el momento inicial de la Felicidad. ¿Sabéis lo que significa etimológicamente "feliz"? Del latín *felare* que significa "mamar". Y *filius* (que es como en latín se dice "hijo") es "el que mama", y *fémina*, que en latí es "mujer", significa *la que da de mamar"*.

Por esto es necesario que no olvidemos este principio fundamental de la Psicología Evolutiva: *"La experiencia del nacimiento y de los primeros contactos con el mundo externo* (es decir: las primeras experiencias vitales) *tiene efectos para toda la vida"*.

No me pasa inadvertido que quizás pueda parecer, y lo sea en realidad, algo incongruente, casi indecente, estar hablando de posible Felicidad en un mundo donde tantas personas en este mismo momento en que nosotros estamos aquí, están padeciendo catástrofes, hambrunas, guerras, pérdida de fortuna, enfermedades incurables, humillaciones… Pero es que la felicidad, tal como yo quiero entenderla, es algo a lo que tenemos derecho y obligación, aún en la hambruna, la enfermedad y el desastre… Porque la experiencia básica de la Felicidad no es, como solemos pensar, estar contento, sentirse a gusto, experimentar placer, *pasarlo bomba...* Se puede ser feliz en el disgusto, en la adversidad, incluso en la muerte,..., si de algún modo en la adversidad, la catástrofe y la muerte se hace presente el amor. Así comprendo al poeta Blas de Otero: *"Cómo podríamos respirar y vivir si la muerte no fiera también un modo de amor y de alegría?"*.

En   resumen: Es condición inrrenunciable, inapelable, insustiyuible de la Felicidad, de la realización humana plana del *ser psíquico*, que logre en este mundo una respuesta a su necesidad original de Integración y la necesidad de Valimiento: saber que mi presencia en este mundo tiene sentido porque sirve para algo, que mi paso por él ha sido útil y beneficioso para alguien. Y si es para alguien, es para todos. Saber que cuando yo vine al mundo -y cada vez que un ser humano viene al mundo- es un regalo para todos, para la comunidad humana; porque con este nuevo brote de vida, la vida entera se enriquece.

Saber que cada persona, por pequeña y por insignificante que pueda parecernos, representa y contiene a toda la humanidad.

Saber que *Los hombres no son islas* (que es título de una obra de Thomas Merton) sino que somos continentes.

Saber que cada persona (la palabra persona viene del latín *per-sonare*: algo que suena a través), cada persona suena y trae el eco, el sonido y la palabra de toda la humanidad.

Saber que si doy muerte a mi hermano, se la doy al mundo entero. Y que si le doy vida a un hermano el mundo entero se vivifica.

"*Lo que hagáis con uno de estos, lo hacéis conmigo*", dijo Jesús… Todo lo bueno o lo malo que hagáis a alguien lo hacemos –bueno o malo- al Jesús Cósmico.

Esto es la solidaridad, esto es *globalización*: que cada niño o niña que viene al mundo trae "un pan debajo del brazo". Pero no un pan para ti o para mí, para sus hermanos, sus padres o su familia. Es un pan para el alimento y crecimiento de la vida entera, de la que todos participamos en hermandad universal.

Seguro que conocéis un cuento muy bonito, muy instructivo quiero decir sobre en qué se diferencia el Cielo del Infierno: *Dice una antigua leyenda china que un discípulo preguntó al vidente cuál es la diferencia entre el Cielo y el Infierno. Y cuenta que el vidente respondió: "Vi un gran monte de arroz cocido y preparado como alimento. En su derredor había muchos hombres hambrientos casi a punto de morir. No podían aproximarse al monte de arroz, pero tenían en sus manos largos palillos de dos y tres metros de longitud. Es verdad que llegaban a coger el arroz, pero no conseguían llevarlo a la boca porque los palillos que tenían en sus manos eran demasiado largos. De este modo, hambrientos y moribundos, juntos pero solitarios, permanecían padeciendo un hambre eterna, delante de una abundancia inagotable. Y eso era el Infierno. Vi el otro monte de arroz cocido y preparado como alimento. Alrededor de él había muchos hombres, hambrientos pero llenos de vitalidad. No podían aproximarse al monte de arroz, pero tenían en sus manos palillos de dos y tres metros de longitud. Llegaban a coger el arroz, pero no conseguían llevarlo a la propia boca porque los palillos que tenían en sus manos eran muy largos. Pero con sus largos palillos, en vez de llevarlos a la propia boca, se servían de unos a otros el arroz. Y así acallaban su hambre insaciable en una gran comunión fraterna, juntos y solidarios, gozando a manos llenas cada uno de los otros y todos de todas las cosas. Y eso era el Cielo".*

Os confieso mi convicción de que si llegáramos a vivir con espíritu de auténtica Solidaridad, tendríamos asegurado la Felicidad en este mundo…

Pero tenemos que asentarnos en el convencimiento inequívoco de que "ser Feliz" no es solo una aspiración del ser humano: es un derecho y un mandato imperioso inscrito en nuestros genes, en nuestra células germinales. Venimos genéticamente equipados y propulsados para alcanzar la Felicidad, venimos orientados por la estrella Polar de la Felicidad, gracias a nuestros neurotrasmosores cerebrales, en cada uno de los actos que realizamos.

Para eso, con esa finalidad, las neuronas de nuestro cerebro vienen biológicamente programadas , programadas y diseñadas, para el amor y también para producir cosas útiles, para hacer aportaciones válidas a la vida, en beneficio de los demás, y para, a través del anclaje amoroso, alcanzar y experimentar el placer y el goce de la unión y el placer y el goce existencial de vivir una vida con sentido que beneficia y enriquece al mundo entero. Y por supuesto, venimos diseñados y programads para realizar la acción más útil del ser humano en la vida que es: asegurar la perpetuidad de la especie.

La incapacidad para el amor, para la integración humana a través de los lazos del amor y para experimentar el plenificante

Sentimiento de Comunidad, la incapacidad para la compenetración y para mantener el compromiso del amor, por ejemplo, en la pareja o en la amistad (eso tan frecuente que decimos cuando se crean tensiones: "entonces lo dejamos…". No, por favor, hay un compromiso demasiado serio que repercute en otros seres y en la integración total de la humanidad). Esa incapacidad es reveladora de un fallo en los circuitos neuronales de nuestro cerebro. Lo mismo que la incapacidad de autovalorarse, el Complejo de Inferioridad, y de producir algo bueno y útil para los demás, que es lo que le da sentido a la vida, lo que nos da oxigeno para vivirla con sentido y con plenitud existencial.

Dijo el profeta bíblico, Isaías, que cada persona no es más que una gota de rocío en una brizna de hierba. Es decir: nada; algo pasajero y efímero, no se puede ser más perecedero que una gota de rocío… Sin embargo, esa gota de rocío, que hoy la vemos y al rato ya no está, es algo importantísimo porque el mundo entero, toda la creación se refleja en el espejo de esa gota de rocio. Como si nos dijera en profeta a cada uno de nosotros: "siendo tú, tú mismo (ponle un nombre: el tuyo: María, Rosario, Jorge, Pedro…) siendo tú por insignificante que seas, o que creas ser, lo eres TODO".

Y esto me trae a la memoria lo que escribió el poeta Juan Ramón en su *Diario de un poeta recién casado*, cuando, en la borda del barco que los traía de regreso a España, mirando los ojos azules de Zenobia, su mujer, le dice: *"En el azul sereno de tus ojos / el mar, tan pequeñito, / es tan inmenso /como el mar..."*

Cada persona es un reflejo del universo total. Siendo tú lo eres todo, si tu reflejas e integras la totalidad

Entonces: Si generas Amor, todo el mundo será Amor, como un espejo del Amor Total.

Si aportas utilidad y la transportas, la difundes, la despliegas…, si echas la gota de agua que eres tú mismo en el mar, y todos hacemos lo mismo, el mundo entero será una marea de energías productivas en beneficio solidario de todos, generador, de la deseada, de la anhelada, de la codiciada y posible, para todos los habitantes de nuestro mundo, oleada de Felicidad .

Así entiendo yo el espíritu de la solidaridad y de la globalización. Así es como entiendo la respuesta a aquel enigma de la piedra de los montes del Himalaya: ¿Qué harias para que la gota de agua no se seque? Dejarla caer en el mar. *Del Yo al Nosotros.*

Lo voy a decir –ya para terminar- con unas palabras de Miguel Hernández, de su poema *"Hijo de la luz y de la sombra,* escritos desde la cárcel a su mujer, embarazada del hijo de ambos. Quiero confesaros que para mí no hay mejor formulación del concepto de de Sentimiento de Comunidad o el de Solidaridad Universal, la que saca y libera al amor del territorio limitado de los sentimientos parrticulares y le adjudica su verdadera dimensión trascendente, como la fuerza misteriosa que reside en nuestro interior de seres humanos, que grita desde lo más profundo del alma y recupera el auténtico sentido y el valor excelso de la existencia humana. Con ellos termino

Le dice a ella:

> *"No te quiero a ti sola: Te quiero en tu ascendencia*
> *y en lo que de tu vientre descenderá mañana.*
> *Porque la especie humana me han dado por herencia,*
> *la familia del hijo será la especie humana.*
> *Con nuestro amor a cuestas, dormidos y despiertos,*
> *seguiremos besándonos en el hijo profundo.*
> *Besándonos tú y yo, se besan nuestros muertos,*
> *se besan los primeros pobladores del mundo..."*

CONFERENCIA III

VESTIDO Y PERSONALIDAD

Ustedes saben que uno de los grandes, de los más significados maestros y constructores de la psicología actual fallecido el pasado siglo, fue sin duda Alfred Adler, el conceptualizador del famoso COMPLEJO DE INFERIORIDAD, de cuyos perdigonazos están tocadas muchas alas, de quienes nos esforzamos volar... Adler, como saben, fue inicialmente seguidor de Freud, de quien se apartó para crear su propia escuela, la Escuela llamada de Psicología Individual, una escuela de psicología, psicopedagogía y psicoterapia, , extendida en Europa y América con numerosas Asociaciones y cátedras universitarias, y Sociedades , y que extrañamente en España ha tenido pocos adeptos hasta que este mismo año se creó, por inicitiva de Úrsula Oberst, que es profesora de la Universdad Ramón Llull de Barcelona y de mi amigo y de mi amigo, el médico, psiquiatra y psicólogo del Hospital de Jaén, Dr. Juan José Ruiz Sánchez, se creó la "AEPA" *Asociación Española de psicología adleriana*, de la que los creadores me han hecho la distinción, para mí inesperada, pero muy grata, de designarme Presidente Honorífico.

Bueno, pues diré que Una de las actuaciones, de las primeras puestas en escenas, de este eminente Doctor Alfred Adler fue dentro del Colectivo de sastres, para quienes escribió un opúsculo de psicología aplicada a su función.

Y yo me siento hoy enardecido y dichoso al seguir los pasos de este prestigioso maestro de psicología, y presentar ante ustedes, para este congreso, mis consideraciones personales sobre la psicología del vestido, del traje, del diseño algo que hubiera sido obviamente imposible si no existieran los sastres y las modistas. Y lo hago con todo mi agradecimiento a vuestra necesaria, imprescindible función personal, social, antropológica, histórica y cultural, aportando estas modestas reflexiones:

Para poder relacionar estos dos conceptos, o estos dos significantes verbales, que son el tíyulo de esta conferencia, *"Vestido y Personalidad"* tendré que recordar que la etimología de la palabra *Personalidad*, deriva, como sabéis, del vocablo latino *Persona,* que era la careta, la máscara, con la que, en la antigua Roma, los actores componían su imagen para identificar y representar su papel en la escena teatral.

En relación con esta etimología, la *Personalidad* es exactamente eso: el modo singular, peculiar, único, distintivo y característico con el que cada persona, cada uno de nosotros, se compone y se decora a sí mismo, organiza su propia imagen para identificarse, para relacionarse con los demás, para actuar en el *gran teatro del mundo* (que diría nuestro gran Calderón) Lo mismo, de la misma manera, que en la Roma clásica, la máscara, la *Persona,* identificaba y componía la imagen y la actuación de cada actor..

Ni que decir tiene la enorme importancia que adquiere el vestido, el traje, la ropa, la vestimenta, el ropaje, la indumentaria...para todo los habitantes de este mundo, en esta tarea existencial de identificarse y componer la propia imagen. Como se ha dicho, la tela es la piel de la civilización... Y precisamente la vestimenta, el traje, la indumentaria es uno de los datos o de los testimonios más esclarecedores para interpretar y conocer la mentalidad de las distintas y sucesivas civilizaciones y épocas de la historia.

Tanto es así que hay una frase en nuestro idioma, un latinismo, hoy quizás caída en desuso, que es *"estar in albis"*, sorprender a alguien *"in albis"*. Quiere decir sin el vestido, en ropa interior, lo que es como sorprender a la persona indefensa e inerme, impreparada para enfrentar la situación emergente y presentarse decorosamente ante los ojos de cualquiera. Lo cual pone de manifiesto hasta qué punto el vestido nos dispone psicológicamente, nos defiende, nos protege, nos resguarda y nos ampara para que no nos cojan "in albis" por el ancho mundo, para que sepamos y podamos desenvolvernos entre la gente, para identificarnos, para que representemos nuestro papel en la vida, como la máscara, la *persona* en el teatro romano.

Voy a decirles cuáles son, desde mi punto de vista, las 5 funciones de la psicología del vestido: la importancia psicológica que adquiere el vestido desde cada una de esta cinco perspectiva, para la organización y la identificación de la propia personalidad: La función

Defensiva, la función *Adaptativa,* la función *Expresiva,* la función *Integrativa* y la función *Estimulativa.*

Primera FUNCIÓN psicológica del vestido: Es una función DEFENSIVA o autodefensiva:

El vestido nos defiende. Nos defiende de la intromisión de la mirada ajena en nuestra privacidad, en nuestra intimidad corporal. Nos defiende de la mirada o del roce. Nos protege frente a la agresión visual, nos protege de la violencia del ojo, o de cualquier otra intención intromisiva.

¿No ha ha tenido slguno de ustedes, alguna vez, el sueño de estar desnudo?. Todos nos hemos visto, alguna vez desnudos, en sueños, como el rey del Conde de Lucanor. Suelen ser sueños angustiosos. Porque su contenido psicológico, su significación verdadera, es la angustia por indefensión. Simbólicamente, estar desnudo es estar indefenso, desprotegido, vulnerable, inerme, a merced de cualquiera.

Por eso la experiencia de la suprema confianza humana, de la seguridad ante al otro, de la renuncia a la propia defensa frente a quien no soy yo porque eres tu, es esa suprema experiencia de amor que se realiza "al desnudo". Esta experiencia de la total confianza, de entrega de total y plena, sin velos ni tapujos, la expresa mágicamente la poetisa catalana Clara Janés, en un poema titulado precisamente *Desnudos*:

"Desplegó /una sábana azul

que abarcaba / los ocho cielos

salpicado de oro / de los astros

y me envolvió,/ y a sí mismo,/ en ella.

Y como el entero firmamento /

me abrazó.

Y se adentró / en mi vida

y en aquella noche /

la deshojó/ hasta la tersura del alba.

Con el tacto / del más leve pétalo

se dobló su cabeza / en mi cuello.

Sus bucles negros /

emitían / un aroma de abismo".

Sin embargo, en contraste flagrante con esta experiencia transpersonal , un poeta nicaragüense, Hector Avellán, destaca dramáticamente, en otro poema, la fragilidad mortal de un cuerpo desnudo:

"Veo tu cuerpo/ desnudo y traicionado./
Me pregunto:/

Y Jorge Guillén señala ante un cuerpo de mujer, desnudo, su inmediatez indefensa y vulnerable:

"Desnuda está la carne. Su evidencia / se resuelve en reposo. /
Monotonía justa: prodigioso / colmo de la presencia. / ¡Plenitud
inmediata, sin ambiente, /del cuerpo femenino! /
Ningún primor: ni voz ni flor./ ¿Destino? /
¡Oh, absoluto presente!

El traje, como digo, colabora psicológicamente a la consolidación de las seguridades fundamentales del ser humano en la existencia.

SEGUNDA función psicológica del vestido: La Función ADAPTATIVA.

El traje, el vestido tiene también como primordial función adaptar nuestro organismo a los cambios climáticos. Nos abriga en los climas fríos y nos alivia de los calores veraniegos. Contribuye también con esto a identificar las diferenciaciones caracteriógicas regionales: es decir, la dependencia que la organización de la personalidad individual tiene para soportar la climatología regional: Ese carácter desidioso o resistente al esfuerzo de personas que viven en clímas cálidos o sofocantes de calor, / el carácter activo propenso a la marcha, al movimiento y al esfurzo que se configura en los climas fríos...

El traje tiene una evidente concordancia, una clara correspondencia, con el clima, con la atmósfera, incluso con el paisaje estacional o regional. Recuerdo al respecto unos deliciosos versos de adolescencia de Juan Ramón: *"Yo dije que me gustaba / - y ella me estuvo escuchando- / que en primavera, el amor / fuera vestido de blanco. / Alzó sus ojos azules / y se me quedó mirando / con una dulce sonrisa / en sus virginales labios./ Siempre que crucé su calle, / al ponerse el sol de mayo / estaba seria, en su puerta, / toda vestida de blanco"*.

Versos encantadores, de la encantadora adolescencia... de otros tiempos.

Pero desde un punto de vista estrictamente psicológico, o psicosocial, es más importante la adaptación del ropaje a la situación, a cada situación concreta, local o social: hay trajes para estar en el campo, trajes para trabajar en la fábrica, o en la oficina, o para estar en casa, o en la cama. A nadie se le ocurre ponerse la chaqueta y la corbata para acostarse, o el pijama para ir a la universidad. "¿Así vas a ir?" es una frase oída por los hijos, de todos los continentes y en todos los tiempos, de labios de sus madres, o por los esposos de los de sus mujeres. Viceversa también, aunque más raramente.

Pero todavía es más significativo el traje que adoptamos, o con el que nos adaptamos a cada situación psicológica o a cada situación socialmente diferencial: El mismo Presidente del Gobierno que vemos por televisión vestido de frac en una recepción en la Zarzuela, aparece por la noche con la cazadora y descamisado en un mitin de su partido. ¿Pretende engañar a alguien? No, intenta simplemente adaptarse a las razonables expectativas de los demás y organizar la imagen de sí mismo que corresponde a cada situación. Es lo que se estudia en psicología social como "conductas de rol". ¿Qué pasaría si se presentara de frac en el mitin socialista, donde tiene el rol de "compañero", o se presentan con cazadora de pana en la Zarzuela donde es recibido por su rol de presidente? Psicológicamente se sentiría muy incómodo, además de inseguro, violento o quizás avergonzado, y, sin duda, produciría confusión y desconcierto general. Es lo que se estudia en psicología social como "conducta de rol desviada".

Recordarán el caso cuando la concesión del Premio Nóbel a Gabriel García Márquez. ¿Se acuerdan de que se negó a asistir a la Academia Sueca con el traje reglamentario de etiqueta y apareció con un traje típico de su país? Quizás tuvo un error de enfoque: Para él, el frac o el chaqué tenía referencia a una clase social con la que no se identificaba, cuando el frac o el chaqué no son vestidos de "clase social", sino vestidos de ceremonia oficial. Lo mismo que la mantilla, o el traje blanco de la novia, o el traje de luces del torero, o la casulla del sacerdote...con independencia de la clase social a que pertenezca la novia, o el torero, o el cura, o la devota cofrade...

Aurora Reyes, tiene un poemilla al respecto, titulado Lotería a colores

A la orilla del campo
vestido blanco.

A la orilla del río
vestido amarillo.

Si te toca la luz
vendrás de azul.

Si te toca el sol
vendrá el amor.

A la orilla del prado
vestido morado.

Si te toca la rosa
serás preciosa.

A la orilla del mar
te vas a casar.

Si te toca la luna
tendrás fortuna.

A la orilla del cielo
vestido nuevo.

Si te toca la estrella
irás con ella.

A la orilla, a la orilla
frente amarilla.

Si te toca la muerte
—vestido verde—
no quiero verte.

La tercera función psicológica del traje es la Función EXPRESIVA.

A través de el traje, a través de nuestros vestidos o indumentarias, expresamos, ocasionalmente, nuestros sentimientos, y muchas veces también nuestras intenciones, nuestras ambiciones, nuestras fantasías. Y hasta nuestras perturbaciones emocionales o mentales. A primera vista, el traje es signo más apreciable de nuestra identidad. Me vienen al pensamiento los versos de Manuel Machado, quien delinea con palabras, en versos de tercetos, la imagen del Rey Felipe IV, pintada por Velásquez: *"Nadie más cortesano ni pulido / que nuestro rey Felipe, que Dios guarde / siempre de negro hasta los pies vestido. / Es pálida tu tez, como la tarde. / Cansado el oro de su pelo undoso / y de sus ojos el azul cobarde./ Sobre su augusto pecho generoso, / ni joyeles perturban ni cadenas, / el negro terciopelo silencioso. / Y en vez de cetro real sostiene apenas / con desmayo galán un guante de ante / la blanca mano de azuladas venas.”*...

En ese negro color de su traje de terciopelo, y de sus guantes de negro ante, sin más adornos ni ornatos, se refleja y simboliza la seriedad, la severidad, la sobriedad, la elegancia y la discreción que definen la identidad del rey Felipe, tal como está retratado en el espléndido lienzo de Velásquez.

Existe el traje de luto, expresión del pesar atormentador y doliente, el traje para la alegría, *“torbellino de colores”*, como el de Lola Flores, cantada por José María Pemán: *“Torbellino de colores. / No hay en el mundo una flor / que el viento mueva mejor / que se mueve Lola Flores”*. Existe el traje de la inocencia virginal en la Primera Comunión, inocencia ratificada después, simbólicamente al menos, y reafirmada con el traje blanco de la boda. También existe el traje de la culpa, encarcelada entre las rayas del presidiario.

También, en su función Expresiva, en el traje se reflejan y se expresan las ocultas ambiciones de *aparecer,* de *lucirse,* o, por el contrario, la de *pasar inadvertido,* la de *esconderse de la mirada ajena;* se refleja en el traje el deseo de ser importante, o quizás el de ser compadecido. Las fantasías de aparecer como *original* y *único,* se refleja en la vestimenta de algunos artistas, como las túnicas de brocados del tal Rappel, por poner un ejemplo, y, también se refleja cotidianamente ese deseo de sorprender y de ser única en la de cualquier mujer que lo escoge, lo decide, lo prepara, lo acomoda para un convite de bodas.

También se hace expresivo, y significativo de otras preocupaciones concretas, el lazo rojo de nuestra preocupación por el *sida,* o el verde de los ecologistas, o el azul que refleja la inquietud tras algún secuestro terrorista. ..o el pañuelo a la cabeza de las *madres de Mayo.*

No me puedo olvidar de la relación del traje con la psicopatología, ya que en su función Expresiva, llega a traslucir los trastornos interiores de la mente: en el desaliño o la dejadez de un vestido puede expresarse la falta de autoestima, el desorden y el abandono interior, incluso la desgana vital extrema del enfermo por depresión. También se puede expresar la minuciosidad agobiante del obsesivo, y la desconfianza o la megalomanía del paranóico, y la actitud provocadora del psicópata, o la compulsiva sumisión del masoquista, o la agresividad sádica, o el autismo y la falta de sentido de la realidad del esquizofrénico.

Bueno, Todavía me queda por hablar de la *función integrativa* y de la *función estimulativa* del vestido.

La cuarta Función psicológica del traje o del vestido y de sus adornos es la Función INTEGRATIVA. La función integrativa responde a una de las necesidades psicológicas más indispensables para fundamentar las seguridades existenciales y la estabilidad del ser humano en la vida: Me refiero a la necesidad de *pertenencia*. Con el modo de vestir afirmamos nuestra pertenencia a los diversos grupos en los que nos integramos o de los que nos diferenciamos. Traje para los niños y para las niñas, para los hombres y para las mujeres, aunque ahora las delimitaciones están más desdibujadas y se tienda a una cierta homogenización de los sexos.

Las clases sociales se calificaban, en otra época, en relación a prendas de vestir. *"Los de la corbata", "los de los pantalones de pana"*, o, como se señalaba en tiempos pasados, *"los de las alpargatas"*, o *"los del cuello duro y botines"*, como ahora se puede decir *"los de los calcetines blancos"* o *"los del lóden verde"*...

Hay trajes de pertenencia a grupos religiosos, militares o académicos, o a otros grupos profesionales que se reconocen significativamente por el ropaje: *"los de la bata blanca", "los de la toga"*, como antaño se decía *"los del tricornio"*, o, como se caracterizaban en otra época pasada *"los del bonete"*: *"El bonete del cura / va por el río / y el cura va diciendo: ¡bonete mío! ¡bonete mío"*...Cualquier niño de hoy preguntaría: ¿qué es eso del bonete?.

También los distintos subgrupos, más o menos marginales, se afirman socialmente por las diferenciaciones de su ropaje: las emblemáticas túnicas floreadas de los Hippys originales, el ropaje negro con remaches y hebillas plateadas en cinturones y botas de los rokers..., o el atuendo siniestro de los góticas

Quedaría, por fin, la última de las funciones psicológicas numeradas, la *función estimulativa* de los vestidos. Es sabido que todo comportamiento humano se inscribe en un sistema dialéctico de *Estímulos* y de *Respuestas* a esos estímulos. El vestido, no cabe duda, es una fuente de estímulos permanentes, a veces descarados, y sutiles otras veces.

Solo por nuestro modo de estar vestidos, experimentaremos en los demás reacciones de aceptación o de rechazo, como lo saben muy bien los profesionales de las relaciones públicas o de la venta, y los políticos en sus comparecencias televisivas, donde se cuidan los detalles, hasta el de la misma arruga conveniente bajo el nudo de la corbata...Y, por supuesto, el color de la corbata y el pañuelo. Por el vestido, provocaremos en los demás la confianza, o el recelo y la suspicacia; el agrado, la admiración y la complacencia; o el desagrado, la indiferencia y hasta el desprecio. Es decir, el vestido nos dará el voto, a favor o en contra, de nuestros conciudadanos, a los políticos y a cualquiera de nosotros, y se pondrá en evidencia de qué personas o grupos demandamos la aceptación..

Voy a fijarme en dos tipos de estímulos que son particularmente significativos desde el punto de vista psicológico: El estímulo ERÓTICO-SEXUAL y el estímulo ESTÉTICO:

Para el estímulo erótico-sexual he escogido los memorables y subyugantes versos sobre aquella "casada infiel" de Federico Gª

Lorca, que despertaba, junto al río ,entre faros apagados y grillos encendidos, todo el rumor de su feroz sensualidad, en una alternancia encantadora de despojos sucesivos...

"El almidón de su enagua

me sonaba en el oído

como una pieza de seda

rasgada por diez cuchillos.

Yo me quité la corbata.

Ella se quitó el vestido.

Yo el cinturón con revólver.

Ella sus cuatro corpiños...."

¿No es encantadora esta alternacia de despojos?

A través del vestido, sobre todo del de la mujer, pero también de los del hombre (según estén abrochados o no los botones de la camisa, o según cómo la tela de los pantalones se ajusten a las formas de la anatomía) recibimos mensajes sutiles y escurridizos. Mensajes que unas veces son disuasorios, como si nos dijeran "no se te ocurra..." o " a ver si te atreves..", o "te lo pongo difícil..." y otras veces son mensajes de reclamo, sutil o descarado, dirigido a la imaginación o a la acción directa, como si nos insinuaran "acércate más...", o "lo tienes al alcance de tu mano...", o "te queda todavía algo por ver...", o "figúrate lo que sigue"...

Nos queda el estímulo estético. Para significar esta fuente de estímulos estéticos que emanan del vestido, citaré los conocidos versos de Juan Ramón, en los que simboliza en referncia al vestido toda la belleza y la esencia de su poesía:

"Vino, primero, pura / vestida de inocencia. / Y la amé como un niño. / Luego se fue vistiendo / de no sé qué ropajes. / Y la fui odiando, sin saberlo. / Llegó a ser una reina / fastuosa de tesoros...∕ ¡Qué iracundia de yel y sin sentido¡ / ...Más se fue desnudando. / Y yo le sonreía. / Se quedó con la túnica / de su inocencia antigua. ∕Creí de nuevo en ella. ∕Y se quió la túnica, / y apareció desnuda toda...∕ ¡Oh pasión de mi vida,∕ poesía desnuda, / mía para siempre¡"

Es tan evidente ese estímulo estético que emana de los vestidos, que sólo quiero destacar que, hoy día, los sastres, los modistos y modistas, las personas dedicadas al diseño y a eso que se llama, "la moda", es decir, la adaptación de la indumentaria al cambio de los tiempos, o de las estaciones, o a las conveniencias del recambio creativo, del cambio renovador de formas visuales para superar la herrumbre inevitable de la monotonía y de la rutina...esas personas son hoy verdaderos artistas plásticos, que realizan auténticas obras de arte, no sólo para las pasarelas, sino también para esos museos vivientes y paseantes, diariamente, por nuestras calles...Despliegan una creatividad tan estimulativa de goces y de deleites estéticos, y colaboran de modo tan original y variopinto al exorno fruitivo de nuestro mundo, (del "cosmos" que significa etimológicamente "adornado", "embellecido") son tan importantes, tan imprescindibles para esta función antropológica que merecerían, con justicia, que su oficio fuera hoy reconocido y proclamado como el 8º Arte.

Para terminar, he reservado un *slogan* psico-publicitario. O mejor, dos, y unos versos de Cevantes:

El primero lo tomo de un dicho de Bufón, aunque otros aseguran que lo dijo Montaigne : *"El estilo es el hombre"*. Pero yo lo voy a transformar, diciendo: *El estilo-* ese modo característico y personal de ser y de expresarse tanto las mujeres como los hombres- el Estilo *es EL TRAJE, el Vestido.*

El otro *slogan* será de la Biblia: *"Por sus frutos los conoceréis"*. Y yo les diré, como concreción psicológica de mis reflexiones sobre Vestido y Personalidad: *Por su ropa los conoceréis.*

Y, por último os diré unos versos de nuestro inmortal y sabio Miguel de Cervantes:

"Un solo vestido cansa

en fin, con la variedad

se muda la voluntad

y el espíritu descansa"...

Espero que mi maestro Alfred Adler que había escrito un libro, hace más de un siglo, para uso y provecho de los sastres de Viena, me de hoy su bendición.

FERNANDO JIMÉNEZ HERNÁNDEZ-PINZÓN

Nacido en Sevilla. Doctor en Filosofía y Ciencias de la Educación por la Universidad Complutense de Madrid, Doctor en Filosofía por la Universidad del Paraguay, Licenciado en Filosofía y Letras por la Universidad Complutense, Licenciado en Psicología por la Universidad de Sevilla, Licenciado en Teología, Diplomado Superior en Psicología Clínica y en Grafopsicología. Ha realizado estudios especializados de Psicopatología, Psicoterapia y Psicoanálisis en la Universidad de la Sorbona de París. Ha sido profesor de Psicología en la Universidad del Paraguay, en la Facultad de Económicas y Empresariales de Córdoba, y en la Escuela Universitaria de Formación del Profesorado de Córdoba. En esta ciudad realiza actualmente su actividad profesional de Psicólogo Clínico y Psicoterapeuta. Ha sido miembro del **Centro de Estudio y Aplicación del Psicoanálisis** de Madrid, integrado en la F.E.A.P. **Federación Española de Asociaciones de Psicoterapia,** y de la **Sección de Psicoanálisis** de la **"American Psycholigical Association".**   Es Presidente de Honor de la **AEPA "Asociación Española de Psicología Adleriana".**

Ha impartido numerosos cursos, seminarios y conferencias, en España y en el extrajero, sobre temas de Psicología educativa, Dinámica de Grupos, Psicoterapia, Psicoanálisis y también sobre temas de Literatura.

Premio Zenobia Camprubí" por su trabajo "Dios deseado y deseante, último libro de Juan Ramón Jiménez", finalista al I PREMIO DE NARRATIVA DE LA XV FERIA DEL LIBRO DE ALMERIA por su poema-relato "La viña florecida", Finalista al XXX

PREMIO MUNDIAL DE POESÍA MÍSTICA *FERNANDO RIELO* por su poemario "Si por vosotros ha pasado", y FINALISTA AL XXXIV PREMIO MUNDIAL DE POESÍA MÍSTICA *FERNANDO RIELO*, por su poemario "Contemplación para alcanzar amor". Es Académico correspondiente por Moguer de la **Real Academia de Buenas Letras, Ciencias y Nobles Artes** de Córdoba y Presidente de honor de AEPA, Asociación Española de Psicología Adleriana.

OTRAS OBRAS DE FERNANDO JIMÉNEZ H.-PINZÓN

"La Comunicación Interpersonal" (3 ediciones) , Ed. ICCE, Madrid

"Técnicas Psicológicas de Asesoramiento y Relación de Ayuda", Ed. Narcea, Madrid.

"Viajes hacia uno mismo" (2 ediciones), Ed. Desclée de Brouwer, colección Serendípity, Bilbao.

"Seminario de Comunicación y Creatividad" Publicaciones del I.C.E. de la Universidad de Córdoba.

"La Fantasía como Terapia de la Personalidad" (2 ediciones) Ed. Desclée de Brouwer, colección Serendípity, Bilbao.

"A corazón abierto" Ed. Desclée de Brouwer, colección Serendípity, Bilbao.

"Psicoanálisis para educar mejor", Ed. Desclée de Brouwer, colección Serendípity, Bilbao.

"Complejo de Inferioridad. Enfoque terapéutico y psicoeducativo" (Compendio de la Psicología Individual de Alfred Adler) Editorial La Buganville, Barcelona.

"La viña florecida" (poema-relato) Ed. BmmC, Málaga.

"Valores para vivir y crecer" Ed. San Pablo, Madrid.

"Animal de deseos", Editorial Deauno.com, Buenos Aires.

"Anna, mi amiga" (Ensayo biográfico novelado sobre la hija del fundador del Psicoanálisis) Editorial Libros En Red, Argentina.

"Sigmund Freud. Biografía de un deseo", Editorial Libros En Red, Buenos Aires.

"Juan Ramón Jiménez, un dios desconocido", Editorial Deauno.com, Buenos Aires.

"La voz del viento: Cuaderno de recuerdos y añoranzas)" (Poemas) Edición privada.

"La Práctica del Consejo Psicológico (según los principios y metodología del *Counseling* de Carl Rogers"), Editorial ECU, Alicante.

"Tu Personalidad es tu Escritura", Editorial Club Universitario- ECU, Alicante.

"Construye tu pirámide", rd editores. Sevilla.

"Por el Laberinto del Minotauro (Claves del Psicoanálisis para entender el funcionamiento mental y sus perturbaciones)", Editorial Deauno.com, Buenos Aires.

"Un porqué para vivir", Editorial Deauno.com, Buenos Aires.

"Encuentros en el Ágora", coautor: José Mª Carrascosa. Editorial Deauno.com, Buenos Aires.

"Por los antiguos surcos", coautor: José Mª Carrascosa. Editorial Deauno.com, Buenos Aires.

"Cartas de Zenobia o el vuelo de un hada", Editorial Club Universitario- ECU, Alicante.

"En la arboleda de los sueños (La aventura de leer)", coautor: Julia Victoria Jiménez Vacas Editorial Club Universitario- ECU, Alicante.

"Los colores del agua (Diálogo a tres bandas)", coautor:es José Mª Carrascosa y Antonio Espinosa. Editorial Deauno.com, Buenos Aires.

"Microrrelatos histéricos", Imcrea editorial, Badajoz

"Anna Freud, una mujer y un destino", coautor: Julia Victoria Jiménez Vacas Editorial Club Universitario- ECU, Alicante.

"Acabarás teniendo alas (Microrrelatos)", Editorial Club Universitario- ECU, Alicante.

"Cada día, una vida", Editorial Bubok (digital)

"Del amor y la vida (microensayos para pensar, crecer y soñar)", Editorial Lulú (digital)

"Conferencias de psicología y literatura", Editorial Lulú (digital)

"Dios está azul", Imcrea editorial, Badajoz

"En el amor y el mito" (poesía), Editorial (digital).

"Si oyes la voz del viento", Editorial Blurb (digital)

"Igual si fuera un sueño" (poesía), Editorial Blurb) (digital)

"Seminario de recursos psicoterapéuticos", Editorial Lulú (digital)

"Taller: Estructura y dinamismo de la personalidad", Editorial Lulú (digital)

"Taller de crecimiento personal: Tu "Yo" y su Sombra", Editorial Lulú (digital)

"Diario íntimo de un psicoterapeuta", Editorial Lulú (digital)

"Freud: las claves del deseo", Editorial Bubok (digital)

"Taller de *Focusing*", Editorial Lulú (digital)

"Taller de Psicoanálisis y educación" Editorial Lulú (digital)

"Taller de Psicología Individual de Adler", Editorial Lulú (digital)

Taller de Lingüística y Psicología, . Editorial Lulú (digital)

Curso de Introducción a la Psicoterapia Dinámica y Humanística, . Editorial Lulú (digital)

Prácticas psicológicas para conocernos y triunfar,   Editorial Lulú (digital)

Test Grafológico (Método de aplicación directa), Editorial Lulú (digital)

LA FORMACIÓN DEL PSICOTERAPEUTA. Curso de Counseling y Psicoterapia, Editorial Lulú (digital)

Taller de Psicodiagnóstico: La interpretación de las "Manchas de tinta", según el Z-Test, Editorial Lulú (digital)

"Test Grafológico (Método de aplicación directa)", Editorial Lulú (digital)

"Curso-Taller de ANÁLISIS TRANSACCIONAL". Editorial Lulú (digital)

"Diario de estío, con hojas del otoño". Editorial Lulú (digital)

"Dos conferencias sobre el amor". Editorial Lulú (digital)

Taller de Psicopatología para psicólogos. Editorial Lulú (digital)

"De amor, mitología y pensamiento". Editorial Lulú (digital)

"Individualismo Solidario". Editorial Lulú (digital)

"Tres conferencias sobre Freud: Las claves del deseo".Editorial Lulú (digital)

"Ejercicios Espirituales y Psicoterapia". Ed. Lulú (Digital)

"Los ríos sonorosos (Divagaciones sobre arte, belleza y poesía)". Ed. Lulú (digital)

"Ignacio de Loyola, PSICOLOGÍA Y ESPIRITUALIDAD". Ed. Lulú (digital)

"Cuando la luz se enturbia (Diario de un psicoterapeuta)", Ed. Lulú (digital).

"Psicología y Espíritu en la Obra de Juan Ramón Jiménez (Seis conferencias))", Ed. Lulú (digital).

"Psico-Neurología: Instinto, Mente y Espíritu (Cuatro conferencias) Ed. AutoresEditores

"El Complejo de Abandono en Psicoterapia". Ed. Lulú (digital)

www.ingramcontent.com/pod-product-compliance
Lightning Source LLC
Chambersburg PA
CBHW061730250726
48657CB00002B/867